DATE DUE

ANIMALES PRESA
Los zorrillos

SANDRA MARKLE

EDICIONES LERNER / MINNEAPOLIS

El mundo está lleno de

PRESAS.

Las presas son los animales que los depredadores comen. Los depredadores deben buscar, atrapar, matar y comer otros animales para sobrevivir. Pero no siempre es fácil atrapar o matar a las presas. Algunas tienen ojos en los costados de la cabeza para poder ver a los depredadores que se aproximen en cualquier dirección. Otras son de colores para poder camuflarse y esconderse. Algunas presas pueden correr, saltar, volar o nadar rápido para escaparse. Y otras incluso pueden picar, morder o utilizar sustancias químicas para defenderse.

En América del Norte y en América del Sur viven cuatro especies de zorrillos. Los zorrillos despiden un líquido apestoso para protegerse de los depredadores. *El zorrillo listado del Norte es el más común de los zorrillos que viven en los bosques de América del Norte.*

Es una noche cálida de julio en un bosque del norte de Wisconsin. Una hembra de zorrillo listado asoma la cabeza desde un tronco hueco en donde ha pasado el día. Tras olfatear el aire, observa a su alrededor para ver si hay algún depredador al acecho. Luego desciende del tronco y, contoneándose lentamente sobre sus cortas patas, se marcha en busca de alimento. Es del tamaño de un gato rollizo y cada día engorda más. A poca distancia, se detiene para alimentarse. Primero, come hojas y brotes frescos. Luego, se abalanza sobre una araña y se la come. Un poco más adelante, su agudo sentido del olfato la conduce hasta una lombriz que está debajo de las hojas caídas que cubren el suelo del bosque. Las garras fuertes de sus patas delanteras están hechas para cavar. Desentierra a la lombriz y come este jugoso bocadillo. Luego, sigue adelante.

El pelaje de muchos animales presa tiene un color que les permite camuflarse y esconderse. Pero el pelaje negro de los zorrillos tiene una franja blanca en el lomo que termina en unos flecos blancos a ambos lados de la cola. El zorrillo tiene este color y estas marcas para hacerse notar por los demás animales. Cuando ven un zorrillo, la mayoría de los depredadores, como los linces, tejones, zorros y coyotes, se alejan. Saben que los zorrillos producen un líquido aceitoso extremadamente pestilente, y que pueden rociar a otros si se ven amenazados.

Pero en las ramas de un árbol alto, en el límite del bosque, hay un depredador que no se preocupa por el olor del zorrillo.

Un búho cornudo oye el crujido de la hierba en el suelo y gira la cabeza en dirección al sonido. Al ver a la hembra de zorrillo listado, los grandes ojos amarillos del búho se abren más. El cazador observa mientras el zorrillo sigue su agudo sentido del olfato hasta el nido de una codorniz.

Los zorrillos son presas para los búhos. Pero, para las codornices, los zorrillos son depredadores. Al ver al zorrillo, la madre codorniz aletea y vuela hasta un lugar seguro a poca distancia. El zorrillo descubre los huevos de codorniz que la madre dejó atrás. El zorrillo empuja uno de los huevos lejos de los otros con el hocico. Sosteniendo el huevo entre las patas, rompe el cascarón con sus dientes filosos. Luego bebe a lengüetazos el contenido pegajoso.

Mientras la tarde avanza lentamente hacia la noche cerrada, el zorrillo come dos huevos más. Arriba en el árbol, el búho espera su oportunidad. Cuando el zorrillo se aleja del nido de codorniz, el cazador despliega sus alas y se echa a volar. Las plumas de las alas del búho son flexibles como dedos de goma, así que puede viajar por el aire casi en silencio. El zorrillo no oye que el búho se acerca. Pero, justo a tiempo, ve la sombra del cazador.

El zorrillo no utiliza su líquido de defensa contra este depredador. Las gotitas del líquido aceitoso causan una ceguera temporal en la mayoría de los atacantes. Pero el búho tiene un par adicional de párpados transparentes que le cubren los ojos como si fueran gafas protectoras. Lo único que puede hacer el zorrillo es huir.

Los zorrillos pueden correr con rapidez distancias cortas. La hembra corre a toda velocidad hasta un tronco hueco y se introduce en él. El búho pasa volando y planea hacia arriba una vez más con las alas extendidas. Desde la seguridad de su escondite, el zorrillo mira cómo el búho vuela en círculos encima de él. Finalmente, el cazador se aleja en busca de una presa más fácil.

Cuando siente que está a salvo, la hembra de zorrillo listado sale en busca de más alimento. Esta vez, visita un campamento. Al encontrar un bote de basura, se devora lo que hay dentro. Los zorrillos comen todo tipo de frutos frescos, nueces, insectos, ranas, ratones e incluso basura. La hembra no es quisquillosa. Mastica el envoltorio para comer los sabrosos pedacitos de comida que hay dentro.

Cuando las primeras luces del amanecer se filtran a través del bosque, la hembra está acurrucada en un tronco hueco. Los zorrillos duermen la mayor parte del día y salen al atardecer en busca de alimento. A medida que se acerca el invierno, el bosque se oscurece cada día más temprano y el aire comienza a enfriarse.

Una tarde, el zorrillo descubre que el suelo está cubierto de nieve blanca y fría. Los copos de nieve se pegan a su pelaje sin derretirse. Su grueso y suave pelaje corto atrapa el calor del cuerpo junto a la piel y lo mantiene caliente. Esa noche atrapa un ratón. Luego, se para en sus patas traseras y logra alcanzar una rama llena de bayas.

La nieve sigue cayendo y el suelo del bosque pronto está cubierto por completo. Ya no es tan fácil para el zorrillo buscar algo para comer. Abandona el bosque para buscar alimento en un maizal cercano.

Encuentra un poco de maíz seco entre los restos de la cosecha de un granjero y lo come. Más tarde, desentierra algunas larvas. Luego descubre unas manzanas caídas en el suelo y se da un festín.

La nieve brilla cuando los últimos rastros de luz de luna se combinan con las primeras luces del día. Con la barriga llena y lista para tomar su larga siesta, la hembra se vuelve hacia el bosque en busca de un lugar seguro para dormir. De repente, el sonido de un coyote joven la hace detenerse y voltear. El coyote joven también se detiene. Es el primer invierno que debe buscar comida. Durante un momento, el depredador y la presa se miran fijamente, a la distancia.

Como el coyote no huye de inmediato, la hembra se pone a la defensiva. Sacude el pelaje para parecer lo más grande posible, levanta la cola tupida bien alto y golpea el suelo con las patas delanteras.

El coyote joven ignora este despliegue y se acerca más. El zorrillo hembra arquea el cuerpo. Con la parte trasera y la cabeza apuntando hacia el cazador, el zorrillo contrae los músculos para tensar su parte trasera. Unas tetillas diminutas sobresalen de las glándulas odoríferas a cada lado del ano, la abertura por donde despide sus desechos.

La reserva de aceite oloroso de los zorrillos es suficiente como para despedir cinco o seis chorros de aproximadamente una cucharada cada uno. Después de eso, tardará al menos algunas horas para producir suficiente aceite como para disparar de nuevo. Los zorrillos pueden apuntar con precisión hasta unos 10 pies (unos 3 metros) de distancia. Este zorrillo hembra se encuentra mucho más cerca que eso del coyote. El coyote se acerca aún más, así que el zorrillo finalmente utiliza su más poderosa arma de defensa. Cuando las gotitas del líquido le dan en el ojo izquierdo, el coyote joven da un aullido y huye del olor apestoso. El zorrillo escapa y se va a casa.

Más tarde, el zorrillo hembra se introduce en una guarida.
La comparte con otros dos zorrillos: otra hembra y un macho. Otra tormenta cubre de nieve la entrada a la guarida. Los zorrillos podrían cavar y salir, pero no lo hacen. En cambio, los tres se acurrucan muy cerca uno del otro y duermen durante los días y las noches frías de invierno. De esta manera, los tres zorrillos se mantienen calientes y viven de la grasa almacenada en sus cuerpos. Cuando el aire se calienta durante algunos días, los zorrillos cavan y van al arroyo cercano para beber agua. También cazan para conseguir alimento. A veces, las hembras atrapan ratones. Otras veces, comen bellotas y cualquier otra cosa que encuentren. Cuando vuelven a caer nevadas fuertes, los zorrillos regresan a su guarida y duermen de nuevo.

Finalmente, llega la primavera y la nieve se derrite. La hembra de zorrillo listado regresa a su rutina de dormir durante el día y buscar alimento durante la noche. Sin ninguna delicadeza al elegir la comida, mastica un hueso viejo que encuentra en la hierba. Luego, come algunos brotes verdes y tiernos que encuentra s su alrededor. También utiliza sus garras fuertes y largas para excavar el suelo y atrapar larvas de insectos que engulle después.

Una tarde, encuentra un nido de pavo común. Cuando la hembra de pavo se escapa, el zorrillo se da un festín con los huevos.

A fines de marzo, la hembra de zorrillo listado se aparea. Una noche de principios de mayo, da a luz a cinco crías. Al nacer, las crías son tan pequeñas como gatitos recién nacidos. Tienen sólo una capa delgada de pelo, pero ya se notan las franjas blancas y negras, y sus ojos y orejas están cerrados. Todo el día, la hembra se acurruca alrededor de las crías, las mantiene calientes y les da de mamar.

Por la noche, sale por un momento para buscar alimento cerca de la guarida. Regresa a menudo para dar de mamar a las crías. Como éstas se alimentan frecuentemente, crecen con rapidez. Cuando tienen tres semanas, les comienzan a crecer las capas de pelo, y los ojos y orejas se abren. El zorrillo hembra puede dejar a las crías solas por períodos más largos.

Una noche, mientras la hembra está lejos, un tejón descubre la guarida de los zorrillos. Los pequeños tratan de defenderse. Ya producen el líquido apestoso, pero no pueden rociarlo lejos. Cuando las crías levantan las colas para disparar, apenas salen unas gotas. Esto no es suficiente para molestar al tejón. Se come a dos de las crías y se va.

Cuando vuelve a casa, el zorrillo hembra siente el olor del tejón. Puede darse cuenta de lo que pasó con las crías que faltan. Como no puede cuidar a las crías todo el tiempo, las mueve de lugar. De a una por vez, lleva a las crías restantes, un macho y dos hembras, en su boca hasta una guarida abandonada de rata almizclera. De todas maneras, hubiera trasladado a los pequeños en poco tiempo. La antigua guarida apestaba por el olor de los desechos de las crías. Puede haber sido este olor lo que atrajo al tejón.

Al vivir en una parte nueva del bosque, la hembra de zorrillo listado puede buscar alimento en una zona diferente de su territorio. Tiene una nueva fuente de alimento y puede volver con frecuencia para dar de mamar y cuidar a los pequeños. Las crías tienen ahora varios meses, son más grandes, más fuertes y más coordinadas, y exploran fuera de la guarida cada vez que la madre las deja solas.

Atraído por olores interesantes, el pequeño macho se aleja
solo. Antes de que se meta en problemas, sin embargo, su
madre regresa. Lo lleva a él y a sus hermanas dentro de
la guarida y les da de mamar. Después se acurruca
con su familia para dormir el resto del día.

Los zorrillos jóvenes siguen creciendo. En poco tiempo, acompañan a su madre a buscar alimento. Para fines de agosto, ya salen a buscar comida solos. Las hembras jóvenes se quedan en la zona que ahora ya les es familiar. Un búho cornudo atrapa rápidamente a una de las hembras y se la come. Su hermano se aleja un poco más cada noche. Pronto, busca comida en una zona que es totalmente nueva para él. Y una noche, se encuentra con otra cosa nueva: un zorro. El cazador se detiene y observa al zorrillo.

El macho joven es audaz por naturaleza. Se pone en posición de defensa. Con un bufido y golpeando el suelo con las patas, se sacude para parecer más grande de lo que es. Levanta también la cola tupida, mostrando que está listo para disparar su líquido apestoso. El zorro es más grande y más fuerte que el macho joven, pero se acuerda de un encuentro anterior con un zorrillo. El zorro se va al trote en busca de una presa más fácil.

A medida que se acerca otro invierno, el macho joven encuentra una guarida propia. La hembra sobreviviente regresa con su madre y se traslada a una guarida que compartirán durante el invierno. Es una buena guarida, debajo de una gran roca, pero no será toda para ellas solas. Un macho mayor se une a ellas. El macho se ubica entre las hembras y la entrada a la guarida. Peleará con cualquier otro macho que intente entrar.

Durante todo el invierno, la madre y la hija se acurrucan junto al macho mayor. Por su cuenta, el macho joven sale en los días cálidos para buscar comida. Necesita energía para mantenerse caliente. En primavera, además de buscar comida, busca una hembra para aparearse. La hembra mayor y su hija se aparean con el macho con el que pasaron el invierno. Luego, cada una sale sola a buscar alimento. Unos dos meses después, cada hembra busca su propia guarida y da a luz una camada de crías. En un lugar cercano, la pareja del macho joven también da a luz. De esta manera, otra generación de zorrillos se une al ciclo de vida, una lucha constante por sobrevivir entre depredadores y presas.

Retrospectiva

- Observa detenidamente al zorrillo de la página 33. Mira los dientes filosos que usa para atrapar y matar a sus presas.

- Vuelve a mirar al zorrillo que se come los huevos de codorniz en la página 9. Observa cómo el zorrillo utiliza sus patas delanteras para ayudarse a comer.

- ¿Son herbívoros los zorrillos, es decir, se alimentan sólo de plantas? ¿Son carnívoros, es decir se alimentan sólo de otros animales? ¿O son omnívoros, es decir, que comen tanto plantas como animales? Vuelve a mirar las fotos y haz una lista de todos los alimentos que ves que comen los zorrillos.

Glosario

CAMADA (LA): un grupo de crías que nacen al mismo tiempo

DEPREDADOR (EL): animal que caza y se alimenta de otros animales para sobrevivir

GUARIDA (LA): el refugio de un animal

NIDO (EL): zona preparada por un animal para cuidar a las crías

PRESA (LA): animal que un depredador caza para comer

TERRITORIO (EL): zona dentro de la cual suele buscar alimento un zorrillo

TETILLA (LA): pequeña proyección de una glándula. El zorrillo apunta el chorro de líquido desde la tetilla que se encuentra en las glándulas anales

Más información

LIBROS

Jacobs, Lee. *Skunk*. Farmington Hills, MI: Gale Group, 2002. Este libro es una introducción a los hábitos de las diferentes especies de zorrillos.

Patent, Dorothy Hinshaw y Michael Kalmenoff. *Weasels, Otters, Skunks, and Their Family*. Nueva York: Holiday House, 1973. Este libro presenta el comportamiento y las características de varios miembros de la familia de las comadrejas, incluidos los zorrillos.

Whitehouse, Patricia. *Skunks*. Chicago: Heinemann Library, 2002. Este libro ofrece una introducción a las características físicas de los zorrillos, de qué se alimentan y dónde viven.

VIDEO

National Geographic Really Wild Animals: Secret Weapons and Great Escapes. National Geographic, 1997. Mira cómo los zorrillos y un montón de otros animales utilizan sus armas y habilidades especiales para escaparse de los depredadores.

SITIOS WEB

Skunk Activities
http://www.zoobooks.com/newFrontPage/animals/virtualZoo/petskunks.htm. Este sitio está lleno de actividades sobre los zorrillos y sus parientes cercanos.

Striped Skunk
http://www.hww.ca/hww2.asp?pid=1&id=104&cid=8
Descubre montones de datos sobre los zorrillos.

Índice

Con amor, a Noah Beckdahl

La autora desea agradecer a las siguientes personas por compartir su experiencia y entusiasmo: Dra. Yeen Ten Hwang y Travis Quirk, Departamento de Biología, Universidad de Saskatchewan, Canadá. La autora desea expresar también un agradecimiento especial a Skip Jeffery por su ayuda y apoyo durante el proceso creativo.

Agradecimiento de fotografías
Las imágenes presentes en este libro se utilizan con autorización de: © Eileen R. Herrling/ERH Photography, págs. 1, 35, 37; © Tom and Pat Leeson, pág. 3; © D. Robert & Lorri Franz/CORBIS, pág. 4; © Maslowski Photo, págs. 7, 9, 12, 14, 17, 25; © Stephen Dalton/ Animals Animals, pág. 8; © Royalty-Free/CORBIS, pág. 10; © Thomas Kitchin & Victoria Hurst, págs. 13, 31; © Jan Wassink, págs. 15, 19; © Michael Quinton, págs. 16, 23, 24; © Robert Barber, págs. 18, 30; © Jen & Des Bartlett/Bruce Coleman, Inc., pág. 21; © Wayne Lynch, pág. 27; © Mary Ann McDonald/CORBIS, pág. 28; © Paul McCormick/Image Bank/Getty Images, pág. 32; © Joe McDonald, pág. 33. Portada: © age fotostock/SuperStock.

Traducción al español: copyright © 2009 por Lerner Publishing Group, Inc.
Título original: *Skunks*
Copyright del texto: © 2007 por Sandra Markle

La edición en español fue realizada por un equipo de traductores hablantes nativos del español de translations.com, empresa mundial dedicada a la traducción.

ediciones Lerner
Una división de Lerner Publishing Group, Inc.
241 First Avenue North
Minneapolis, MN 55401 EUA

Dirección de Internet: www.lernerbooks.com

Library of Congress Cataloging-in-Publication Data

Markle, Sandra.
    [Skunks. Spanish]
    Los zorrillos / por Sandra Markle.
      p.   cm. — (Animales presa)
    Includes bibliographical references and index.
    ISBN-13: 978−0−7613−3899−4 (lib. bdg. : alk. paper)
    1. Skunks—Juvenile literature. I. Title.
QL737.C248M3718 2009
599.76'8—dc22   2007053025

Fabricado en los Estados Unidos de América
1 2 3 4 5 6 − DP − 14 13 12 11 10 09